目　次

JN225727

はじめに……………………………………………………………… 03

第1章　子ども向け地域資料の意義と必要性……………………… 05
　1) 子ども向け地域資料の意義と種類……………………………… 07
　2) 子ども向け地域資料の現状…………………………………… 07
　3) サービスの必要性と課題……………………………………… 12

第2章　社会科副読本と学習課題…………………………………… 15
　1) 社会科副読本とは……………………………………………… 17
　2) 社会科副読本の刊行…………………………………………… 18
　3) レファレンス協同データベースにみる利用…………………… 20
　4) 学習課題を知る………………………………………………… 22
　5) 社会科副読本のデジタル化…………………………………… 26

第3章　とりかかる前に……………………………………………… 29
　1) 担当者としての心構えと予備知識……………………………… 31
　2) 準備を始める…………………………………………………… 32
　　Step1 図書館以外の施設・機関の資料をリサーチする……… 32
　　Step2 利用者の要望を知る…………………………………… 38
　　Step3 学習課題を反映する…………………………………… 39
　　Step4 先行事例の調査………………………………………… 41
　　Step5 レファレンス事例の調査……………………………… 42
　　Step6 協力者の確保…………………………………………… 43

第4章　資料の作成手順……………………………………………… 45
　1) 編集方針………………………………………………………… 46
　2) 資料の刊行形式及び発行期間の決定…………………………… 47

3) テーマ設定 ……………………………………………… 47
4) 参考資料の調査 ………………………………………… 49
5) 資料作成のノウハウと内容構成 …………………………… 51

第5章 サービスの実施と運用 …………………………… 53
1) 事業計画 ………………………………………………… 55
2) 意思決定 ………………………………………………… 55
3) マニュアルの作成 ……………………………………… 56
4) 資料作成者の層を広げる ……………………………… 57

第6章 「としょかんこどもきょうどしりょう」の作成経過 …………… 59
1) 発行の動機 ……………………………………………… 61
2) 編集方針 ………………………………………………… 61
3) テーマの構成 …………………………………………… 62
4) その後の展開 …………………………………………… 64

あとがき ……………………………………………………… 66
参考資料 ……………………………………………………… 67
索　　引 ……………………………………………………… 69

はじめに

　司書トレの一環として『子ども向けの地域資料』を担当したことから思いがけず本書の企画が持ち上がり、その執筆を任されることになった。

　長年、市立図書館に勤務して地域資料を担当してきたが、児童サービスに詳しくない私がこのような手引書を手掛けることがふさわしいのかどうか心許ない限りである。

　しかし、地域資料の講演で話をさせていただいていると、子ども向けの地域資料は少なく、地域のことを知りたい、調べたいという子どもたちの要望に応えられずに困っている図書館の人たちの声も少なからず耳にする。

　幸いにも小平市立図書館で作成した「としょかんこどもきょうどしりょう」は一定の評価をいただき、三多摩地域資料研究会の活動の成果もあって、多摩地域では子ども向けの地域資料がいくつか作成されている。これらの成果を参考に子ども向け地域資料作成の要点を整理することによって、手引書をまとめることができると考え、本書を執筆することにした。

　本書の趣旨は「地域資料担当者としては経験の浅い人が、公共図書館や学校図書館で子ども向けの地域資料を作成するための手引き」をわかりやすく解説することである。そのため第3章と第4章に重点を置いて具体的な作成方法について記述するが、その前提として第1章では子ども向け地域資料の意義と必要性について触れ、第2章では社会科副読本を分析する。また第5章では事業の実施と運用について、第6章では資料作成方法の具体的な事例の紹介として、小平市立図書館における「としょかんこどもきょうどしりょう」の作成過程を紹介する。

第1章

子ども向け地域資料の意義と必要性

公共図書館や学校図書館には子ども向けの地域資料が揃っているだろうか？　あなたの図書館では胸を張って「大丈夫」といえるだろうか。子ども向けの資料の少なさに悩み、子どもたちの求めに応えられずに困っている図書館は多いのではないだろうか？

　図書館法第3条を見ると、公共図書館は「学校教育を援助し」、郷土資料、地方行政資料などを収集することになっており、学校図書館法第2条によると、学校図書館は「学校の教育課程の展開に寄与する」ことが目的とされ、子どもの調べ学習にも応えることが求められている。

　しかし、多くの図書館では子ども向けの地域資料に限りがあり、子どもにわかりやすい資料を探して四苦八苦したことのある図書館員は少なくないと思われる。また、「さっきも同じことを聞かれて貸し出してしまったのよ！　ごめんね」と謝るしかない経験をしたことがある人は数限りないと思われる。

　こうしてみると、子ども向け地域資料は必要であり、需要が高いと思われるため、子ども向けの地域資料にはどのような資料があるのか調べてみたい。そして、それらの資料が足りない場合は新しく作成する必要があるが、どうすれば作成できるのか考えていきたい。

1) 子ども向け地域資料の意義と種類

　子ども向け地域資料の意義は、子どもたちが日々暮らしている生活の基盤である地域に関する知識や情報を提供し、地域に興味・関心を持ち、自発的に調べ・学ぶための動機付けに寄与することである。

　子ども向け地域資料に触れることによって、身近な場所の様子や暮らし、歴史、地理、交通、環境、自然などを知ることができ、知識の幅を広げ、調べることや知ることの楽しみを味わうことにつながる。そして、学ぶことによって心が豊かになり、視野が広がる経験にも発展するだろう。それでは、子ども向けの地域資料にはどのような種類があるのだろうか。

　詳しくは次節の子ども向け地域資料の現状などで確認していただくこととして、ここではその種類を挙げるにとどめたい。

- ・出版社の出版物
  - （地域の歴史、地理、郷土の人物、民俗、民話、祭りなど）
- ・市町村史の概要版
- ・図書館の子ども向け資料
- ・子ども向け資料のリストや推薦図書
- ・子ども向けのまんが
- ・すごろく、郷土かるた
- ・紙芝居
- ・動画配信
- ・社会科副読本

2) 子ども向け地域資料の現状

　はじめに、子ども向けの地域資料サービスが公共図書館でどのように

行われているのか調べてみると、全国公共図書館協議会の調査や国立国会図書館の「カレントアウェアネス」及びホームページなどによっていくつかの事業展開を知ることができる。

そこで、次に県立図書館と市立図書館に分けて事例を紹介し、その後児童向けの専門図書館と多摩地域の図書館の事例について報告する。

①県立図書館

県立図書館の事例としては、大阪府立中央図書館、岩手県立図書館、福井県立図書館などの実践事例が確認できる。

・大阪府立中央図書館

『はらっぱ No.26』に報告されているように、2011年3月にこども資料室に「おおさかコーナー」を設置している。これは、固定書架2連に「大阪の歴史」、「大阪の地理」、「大阪の自然」、「大阪の産業」、「大阪の有名人」、「大阪の文化」、「大阪の昔話」、「大阪の絵本・読み物」、「大阪の副読本」の見出し項目に分け、280点（2013年1月現在）を排架しているものである。

また、調べものをする際に有用な参考図書やウェブサイトなどを紹介する「こども向け調査ガイド」を作成していて、116件（2023年7月現在）のタイトルを掲載している。

・岩手県立図書館

「子ども向け郷土資料」を作成し、岩手県の歴史や風土、先人について調べるためのリストを7件（2024年4月現在）作成している。

・千葉県立中央図書館

児童向けパスファインダーの作成、千葉県の民話のリスト作成、郷土の偉人ブックリストの作成などに取り組んでいる。

・福井県立図書館

2023年2月に子ども室特集コーナー「本でふくいを知ろう〜子ども郷土資料〜」を開催し、「ブックリスト子ども郷土資料」として人物、歴史・地理、昔ばなし、自然、祭り・産業・白川文字学のテーマで5件を作成している。

・鳥取県立図書館

子どもたちに郷土の人物を紹介するために、「まんがで読む鳥取県　郷土が生んだ文学者たち」を2014年に発行している。

鳥取県以外はいずれも児童サービスとしての取り組みで、子ども室に地域資料コーナーを設置し、調べものリストを作成しているのが特色である。

②市立図書館

・塩竈市民図書館（宮城県）

2015年度より有志による「シオーモ絵本まつり」を開催し、「塩竈のむかし話絵本大賞」作品の絵本や紙芝居を紹介して地域資料の活用につなげている。

・入間市立図書館（埼玉県）

「いるま・こども郷土資料」を45冊（2023年3月現在）作成している。これは、図書館マスコットキャラクター「とんちゃん」が、入間市の歴史、狭山茶、学校、文化財などを説明する冊子で、ホームページよりPDFファイルでの提供も行っている。

・秦野市立図書館（神奈川県）

2013年12月に、こどものフロアに郷土資料コーナーを設置。また「読書のすすめ」3件、「10代のあなたに」19件、「昔話の絵本」1件のブックリストを作成している。

・岸和田市立図書館（大阪府）

　子ども向け郷土資料シリーズ『岸和田発見1～5』を発行している。

・小野市立図書館（兵庫県）

　市内各地域の伝え語りをもとに子ども向け郷土資料「おのふるさとすごろく」を作成している。

・米子市立図書館（鳥取県）

　1階と2階に「ふるさとこどもコーナー」を設置しているが、2階の郷土資料室の資料は貸出していない。

・善通寺市立図書館（香川県）

　郷土について学ぶための子ども向け動画「にんじゃぽんぽん隊」をYouTubeで2020年12月より公開している。

　市立図書館の事例としては、入間市、岸和田市、小野市などでは子ども向けの地域資料を作成し、善通寺市では子ども向けの動画を配信するといった斬新な事業展開も見られる。

③こども図書館

　公共図書館では児童室や児童コーナーを設け、図書館があるところでは子ども向けのサービスを全国どこでも展開している。また、国際子ども図書館をはじめとして児童向けの専門図書館を設置する動きもある。

　これらのこども図書館には専任の職員が配置され、児童サービスを専門とした事業展開をしており、子ども向けの地域資料が充実している所がある。なかでも、2022年に新築開館した石川県の金沢市立玉川こども図書館には4段2連の「郷土の本コーナー」が設置され、石川県や金沢市の歴史、地理、郷土の人物、民俗、民話、祭りなどの資料が数多く整備されている。

④多摩地域の図書館

　しかし、こども図書館が整備されている所は少なく、設置されていても収集されているのは絵本や児童書が中心で、必ずしも子ども向けの地域資料が充実しているわけではない。そこで、東京都多摩地域における子ども向け地域資料を対象とした資料の刊行状況を調べてみると、表1のような状況である。

【表1】多摩地域の子ども向け地域資料の刊行状況

	書名	出版者	出版年
1	立川市のあゆみ	立川市教育委員会	1977
2	田無いま・むかし第1〜10号	田無市中央図書館	1989〜01
3	としょかんこどもきょうどしりょう No.1-41	小平市立図書館	1990〜95
4	子どものための調布市の歴史	調布市立図書館	1993
5	としょかんこどもきょうどしりょう　冊子	小平市立図書館	1996
6	ホウホウほうや第1号〜第4号	保谷市図書館	1998
7	田無いま・むかし　合本	西東京市中央図書館	2002
8	にんにん西東京第1-3号	西東京市図書館	2004〜8
9	子ども武蔵野市史	武蔵野市立図書館	2010

　多摩地域の現在の自治体数は、26市3町1村の30市町村である。この表には田無市と保谷市の刊行物も掲載しているが、両市は合併して西東京市になっているので、子ども向け地域資料を刊行しているのはわずか5市である。

　これらの刊行物は立川市を除いていずれも図書館で出版されている。その編集・執筆について見てみると、調布市と武蔵野市では地域史研究者が執筆しており、その他は図書館の職員によって書かれている。また、

武蔵野市の資料は記念事業として企画されて出版しているのに対し、調布市では数年間にわたって「図書館だより」に寄稿されたものをまとめている。さらに、内容構成を見てみると、地域史研究者が執筆したものは時系列に沿って記述されており、図書館員の手によるものは地域の特性や個別のテーマ別に構成されているのが特徴である。

ⓒ水木プロ
▲子どものための調布市の歴史

▲子ども武蔵野市史

3) サービスの必要性と課題

　このように子ども向けの地域資料を作成している図書館は限られている。また、子どもの調べ学習に役立つ資料として市町村史の概要版があるが、多摩地域でも約半数の市町村では概要版を作成していないのが現状である。

　しかも、2001年には子どもの読書活動の推進に関する法律が制定され、第8条第1項には「子どもの読書活動の推進に関する基本的な計画を策定しなければならない」と規定しており、市町村での計画策定が進ん

でいる。しかし、この法律の基本理念が読書活動の環境整備にあることから、子ども向けの資料作成を推進する契機にはなっていない。

このような現状を考えると、全国の公共図書館や学校図書館でも子ども向けの地域資料を図書館員が自分たちで企画し、作成する必要性が高いと言える。

しかし、参考資料もなく、教えてくれる人もいない中、手探りで始めるには課題が多く、ハードルが高すぎるという悲鳴が聞こえてきそうである。

多摩地域の図書館では、多くの地域資料担当者が子どもたちの質問や要望に応えるためにはどうすれば良いのか思案に暮れていた。その課題を考えるために1990年7月に開催されたのが、三多摩郷土資料研究会の「児童向け郷土資料サービスを考える」と題した研修会である。この会で紹介されたのが羽村町教育委員会の『はむらの歴史』と田無市中央図書館の『田無いま・むかし』の作成に関する話であった。

▲はむらの歴史

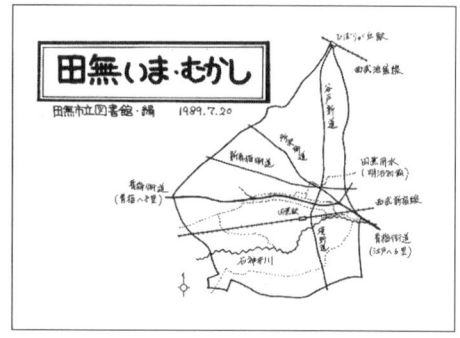

▲田無いま・むかし

それを契機に開始されたのが小平市立図書館の『としょかんこどもき

ょうどしりょう』の作成である。この段階では具体的な先行事例とその作成方法が示されたにすぎない。しかし、「必要は発明の母」という格言があるように、日頃困っていた者にとってこれらの情報は背中を押す十分な力となり、小平市中央図書館では新たな事業に着手し、歩き出したのである。

第2章

社会科副読本と学習課題

第1章では子ども向け地域資料の現状と必要性について述べた。

　子ども向け地域資料の必要性を感じて早速作成に取り組みたいと思う人がいるかもしれないが、もう少し待ってほしい。

　多摩地域の事例として子ども向け地域資料と市町村史の概要版について触れたが、始める前に、全国的にどこの地域や市町村にも存在する子ども向けの地域資料について知っておく必要がある。

　それが「社会科副読本」である。

　現在公共図書館や学校図書館で働いている現役職員のみなさんは小中学校時代に社会科副読本があり、それで郷土や地域の歴史・地理や社会について学んだ記憶がないだろうか？

　社会科の教科書とは別に「わたしたちの〇〇〇」（〇〇〇に市町村名が入る）などと書かれた、小学校の3・4年生と中学生に配布される教材がそれである。

　思い出していただけただろうか。

　この副教材は市町村の教育委員会が小中学校の社会科の先生方から成る編集委員会を組織して作成するもので、地域学習のためにその地域の特性に応じて歴史・地理や社会について書かれており、まさに子ども向け地域資料そのものである。

　したがって、第1章で紹介したような資料がなくとも、どこの図書館でも使える子ども向け地域資料があり、その資料が社会科副読本なのだ！

1) 社会科副読本とは

① 社会科副読本とは

　はじめに小学校社会科副読本とは何かについて整理しておきたい。『小学校社会科3・4年生用副読本作成の手引〔新訂版〕』には教科書について次のように記されている。

　教科書は「全国版であり，自分たちの地域を網羅しているわけではありません。ここに，小学校3・4年生用の社会科副読本が必要とされる所以があり，各地の市区町村では，教育委員会等が中心となって，（中略）編集作業が進められます。（中略）社会科副読本は，新学習指導要領の告示，教科書の改訂にともなって，編集・作成され，（中略）一度つくると，少なくとも10年間はその形が続くのがふつうです。」（『小学校社会科3・4年生用副読本作成の手引〔新訂版〕』日本文教出版，2018）

　つまり、社会科副読本は市区町村の教育委員会が自分たちの地域の社会について網羅的に解説する資料で、10年に一度作成される社会科の副教材であるといえる。

② 内容の変遷

　社会科副読本の内容の変遷については、村岡弘朗「地域学習で活用する社会科副読本の比較研究」による詳細な研究がある。この論文は1968年から1998年までの学習指導要領と神戸市の副読本の目次とを比較検証しており、ほぼ10年ごとに改訂されている各年度の学習指導要領に準拠して内容構成していることを明らかにしている。

　そこで、国立教育政策研究所の教育研究情報データベースで「学習指導要領の一覧」を参照し、小学校学習指導要領の変遷について確認すると次のようになる。

<小学校学習指導要領の変遷>

1947　社会科編試案	1951　社会科編試案	1955　社会科編改訂版
1958　10 月 1 日告示	1968　7 月 11 日告示	1977　7 月 23 日告示
1989　3 月 15 日告示	1998　12 月 14 日告示	2008　3 月 28 日告示
2017　3 月 31 日告示		

2) 社会科副読本の刊行

　私は福島県の出身で、小学生時代は田村郡の小野新町で過ごした。この福島県の片隅の町にも『わたしたちのきょうど田村』という社会科副読本が存在し、それで初めてふるさとの歴史や地理について学んだ記憶がある。この本は1960年発行で113ページからなり、第5次改訂とあるところから初版は遅くとも1956年だと思われる。今読み返してみるととても懐かしく、当時の町や県内の様子を鮮明に思い出すことができる。

　このように、子ども向けの地域資料としてとても心強い味方である小学校の社会科副読本はいつから存在するのだろうか。

　伊藤裕康「社会科副読本に関わる実践及び研究の歴史から見た社会科地域学習の現状と課題」によると、多摩地域における作成の開始については次のように記されている。

「都内ブロックごとでは,『郷土北多摩』（東京都北多摩中学校長会：1951（昭和27）年）,『私たちの西多摩』（東京都西多摩中学校長会：1952（昭和28）年）,『私たちの武蔵野』（武蔵野市の教育研究会：1952（昭和28）年）,『郷土

▲わたしたちのきょうど田村

に光をかかげた人々』（西多摩地区小学校長会：1951（昭和27）年），『郷土を礎いた人たち』（読売新聞八王子支局：1951（昭和27）年）等の郷土史的なものが刊行された。（p6）」（※昭和の年代表記が正しく、西暦の年代表記は1年前にずれている）

　つまり、1950（昭和20）年代には『郷土北多摩』や『私たちの西多摩』のように郡単位で編集されているものが多く、武蔵野市は1953年に市独自で『私たちの武蔵野』を刊行している。

　この理由を同論文は次のように記している。

「なぜ昭和30年代の指導要領改訂以後，社会科副読本関係の編集・発行が盛んになったのか。それは，「1956年（昭和31）の指導要領の改訂までは，地域社会の課題に迫るのが社会科だという考え方であったから，郷土学習は固有の問題にならなかったが，改訂によって，各学年の目標や内容が，地歴の系統性や産業学習の観点から整理されてくると，児童の生活経験の範囲として位置づけられた小学校中学年と，中学校の社会科の導入的な意味で位置づけられた最初の単元において，特に郷土学習の問題がクローズアップされてきた」（三重県社会科教育研究会：1981，p.170）からである。（p7）」

　この分析によると、1956年の指導要領の改訂によって郷土学習の問題がクローズアップされたことから市町村単位の副読本作成が進んだものと考えられる。

　東京都立図書館の横断検索及び多摩地域市町村立図書館の蔵書検索画面で「社会科副読本」及び「わたしたちの〇〇〇」（〇〇〇は市町村名）で社会科副読本を検索すると、1950年代の資料を所蔵しているのは武蔵野市と小金井市の2市のみで、1963年ころから多くの市で社会科副読本が所蔵されている。

　また、国立国会図書館サーチで1980年までに刊行されている「社会科副読本」を検索（2024年3月11日現在）してみると732件存在する。その中で最も古い市町村の刊行物が『伸び行く寝屋川市』の1953年3月で、東京都内では『わたくしたちのすみだ区』が1955年4月である。

こうしてみると小学校社会科副読本は早いものでは70年以上、多摩地域の多くの市町村でも60年間ほどにわたって刊行され版を重ねているわけで、そこに収録されている地域社会の様子や写真は時代の変化を見事に記録している。

　このように貴重な資料が全国どこの地域にも存在することが理解してもらえたら、まず社会科副読本が図書館に所蔵されているのかどうか確認してみてほしい。もし、所蔵されていなければ教育委員会の指導課などに相談して収集することをお勧めする。

3) レファレンス協同データベースにみる利用

　これらの資料がどのように使われているのかを知るために参考になるのが、レファレンス協同データベースだと言える。そこで「社会科副読本」を検索してみると109件の事例がヒットする（2024年3月11日現在）。館種別では都道府県立が57件、その他の公共が48件、学校が2件である。質問者区分では小中学生及び小中学校が5件に対し、社会人が52件なので圧倒的に大人からの質問で利用されていることがわかる。NDC分類で見ると歴史が44件、社会科学が32件、技術が14件でそれ以外は1桁だが、0から7類まで万遍なく存在し、内容的にはほぼ郷土関係と見られる。

　その中で内容種別が郷土の事例を見ると具体的な使われ方がわかるので、表2に質問内容を示してみよう。

【表2】社会科副読本を用いて回答したレファレンス事例

図書館名	質問内容
一宮市立	一宮市で日本一といえるものを知りたい
山口県立	萩市佐々並地区の結婚式の変遷や昔の地蔵結婚式について
守山市立	野洲川の水害の詳細について知りたい
香川県立	小学生向けの香川の歴史、文化財、自然の本を知りたい
佐賀市立	大和町の史跡の地図を作りたい。参考になる地図はあるか
函南町立	1998 年の函南町の台風被害がわかる写真が見たい
函南町立	八ツ溝用水について知りたい
山梨県立	八坂免税札（はっさかめんぜいふだ）とは何か知りたい
草加市立	古綾瀬川周辺の農地についてわかる資料があるか？
いわき市立	「いわき絵のぼり」に関する本はあるか？
東広島市立	西条町が酒都と呼ばれるまでに酒造りが発展した理由
東久留米市立	黒目川の汚染原因や当時の状況についての資料が見たい
吹田市立	吹田市（大阪府）に電気がきたのはいつか
神奈川県立	上菅生村の真言宗広福寺の由緒が書かれた資料
恩納村	嘉手納の民話『屋良ムルチ』についての資料
滋賀県立	「(旧) 甲賀町の歌」について知りたい
牛久市立	牛久駅と常磐線の歴史についての資料
相模原市	相模原市の花、木、鳥、市章が制定された理由
秋田県立	渡部斧松が教材として取り扱われた事例はあるか
能美市立	石川県能美市にある「七ツ滝」について知りたい

　これらの事例を見ると、結婚式・水害・史跡・用水・農地・酒造・水質汚染・電気・寺の由緒・駅・市のシンボル・郷土人などのテーマ、歴史・民俗・文化財・自然・宗教・産業などの分野、地図・写真・本などの資料についての子ども向けの調べものに社会科副読本が役立てられて

いることが明白である。

4) 学習課題を知る

　このようにレファレンス回答事例を見ることによって社会科副読本が具体的に利用され、いかに幅広い分野で役立てられているかについて理解していただけたことと思う。それがなぜかを知るためには社会科副読本の編集意図と、子どもたちがどのような学習課題を与えられ、何を調べる必要があるのかを知ることが大切である。しかも、子どもたちの学習課題を知れば、子ども向け地域資料にどのようなテーマや内容を盛り込めばよいのかが見えてくる。

① 学習指導要領解説の目標
　文部科学省の『小学校学習指導要領解説　社会編』（平成20年6月）には第3学年及び第4学年の目標が次のように記されている。（p21-23）

(1) 地域の産業や消費生活の様子，人々の健康な生活や良好な生活環境及び安全を守るための諸活動について理解できるようにし，地域社会の一員としての自覚をもつようにする。
(2) 地域の地理的環境，人々の生活の変化や地域の発展に尽くした先人の働きについて理解できるようにし，地域社会に対する誇りと愛情を育てるようにする。
(3) 地域における社会的事象を観察，調査するとともに，地図や各種の具体的資料を効果的に活用し，地域社会の社会的事象の特色や相互の関連などについて考える力，調べたことや考えたことを表現する力を育てるようにする。

② 学習指導要領解説の内容
　目標だけでは子どもたちがどのようなことについて学び課題を調べる

のか明確に示されていないが、次の内容を見ると具体的な課題が見えてくる。（p25-49)

(1) 自分たちの住んでいる身近な地域や市（区，町，村）について，次のことを観察，調査したり白地図にまとめたりして調べ，地域の様子は場所によって違いがあることを考えるようにする。

　ア 身近な地域や市（区，町，村）の特色ある地形，土地利用の様子，主な公共施設などの場所と働き，交通の様子，古くから残る建造物など

(2) 地域の人々の生産や販売について，次のことを見学したり調査したりして調べ，それらの仕事に携わっている人々の工夫を考えるようにする。

　ア 地域には生産や販売に関する仕事があり，それらは自分たちの生活を支えていること。

　イ 地域の人々の生産や販売に見られる仕事の特色及び国内の他地域などとのかかわり

(3) 地域の人々の生活にとって必要な飲料水，電気，ガスの確保や廃棄物の処理について，次のことを見学，調査したり資料を活用したりして調べ，これらの対策や事業は地域の人々の健康な生活や良好な生活環境の維持と向上に役立っていることを考えるようにする。

　ア 飲料水，電気，ガスの確保や廃棄物の処理と自分たちの生活や産業とのかかわり

　イ これらの対策や事業は計画的，協力的に進められていること。

(4) 地域社会における災害及び事故の防止について，次のことを見学，調査したり資料を活用したりして調べ，人々の安全を守るための関係機関の働きとそこに従事している人々や地域の人々の工夫や努力を考えるようにする。

　ア 関係機関は地域の人々と協力して，災害や事故の防止に努めていること。

イ 関係の諸機関が相互に連携して，緊急に対処する体制をとっていること。

(5) 地域の人々の生活について，次のことを見学，調査したり年表にまとめたりして調べ，人々の生活の変化や人々の願い，地域の人々の生活の向上に尽くした先人の働きや苦心を考えるようにする。

　ア 古くから残る暮らしにかかわる道具，それらを使っていたころの暮らしの様子

　イ 地域の人々が受け継いできた文化財や年中行事

　ウ 地域の発展に尽くした先人の具体的事例

　この学習指導要領の内容に沿って地域の実情に沿った社会科副読本が作成され、自分たちの住んでいる市町村の地形、土地の様子、公共施設、交通、建物、生産、飲料水・電気・ガス・廃棄物、災害、事故、暮らしと道具、文化財、年中行事、郷土人について調べ考えることが求められている。ここからも明らかなように小学校3・4年生で学ぶのは地理を中心とした地域の生活に主眼がある。

　また、学習指導要領は随時改訂されて学習指導要領の目標や内容にも変化が見られるので、詳しく知りたい場合はその時の指導要領を確認することが必要になる。ちなみに2008年の後は2017年に改訂され、第3学年と第4学年が個別に記述されている。この改訂の趣旨は『小学校学習指導要領解説　社会編』（2017年7月）において、次のように記されている。(p6)

小学校社会科においては、「社会的事象を，位置や空間的な広がり，時期や時間の経過，事象や人々の相互関係などに着目して捉え，比較・分類したり総合したり、地域の人々や国民の生活と関連付けたりすること」を「社会的事象の見方・考え方」として整理し，中学校社会科，高等学校地理歴史科，公民科においても，校種の段階や分野・科目の特質を踏まえた「見方・考え方」をそれぞれ整理した。

　ここで必要とされているのは「比較・分類したり総合したり，地域の人々や国民の生活と関連付けたりすること」であり、その具体的な目標として次のように記述されている。（p11-12）

〔第3学年の目標〕

　社会的事象の見方・考え方を働かせ，学習の問題を追究・解決する活動を通して，次のとおり資質・能力を育成することを目指す。

(1) 身近な地域や市区町村の地理的環境，地域の安全を守るための諸活動や地域の産業と消費生活の様子，地域の様子の移り変わりについて，人々の生活との関連を踏まえて理解するとともに，調査活動，地図帳や各種の具体的資料を通して，必要な情報を調べまとめる技能を身に付けるようにする。

(2) 社会的事象の特色や相互の関連，意味を考える力，社会に見られる課題を把握して，その解決に向けて社会への関わり方を選択・判断する力，考えたことや選択・判断したことを表現する力を養う。

(3) 社会的事象について，主体的に学習の問題を解決しようとする態度や，よりよい社会を考え学習したことを社会生活に生かそうとする態度を養うとともに，思考や理解を通して，地域社会に対する誇りと愛情，地域社会の一員としての自覚を養う。

〔第4学年の目標〕

　社会的事象の見方・考え方を働かせ，学習の問題を追究・解決する活動を通して，次のとおり資質・能力を育成することを目指す。

(1) 自分たちの都道府県の地理的環境の特色，地域の人々の健康と生活環境を支える働きや自然災害から地域の安全を守るための諸活動，地域の伝統と文化や地域の発展に尽くした先人の働きなどについて，人々の生活との関連を踏まえて理解するとともに，調査活動，地図帳や各種の具体的資料を通して，必要な情報を調べまとめる技能を身に付けるようにする。

（2）社会的事象の特色や相互の関連，意味を考える力，社会に見られる課題を把握して，その解決に向けて社会への関わり方を選択・判断する力，考えたことや選択・判断したことを表現する力を養う。
（3）社会的事象について，主体的に学習の問題を解決しようとする態度や，よりよい社会を考え学習したことを社会生活に生かそうとする態度を養うとともに，思考や理解を通して，地域社会に対する誇りと愛情，地域社会の一員としての自覚を養う。

　この目標で明らかなのはこれまでと同様に地理を中心とした地域の生活を主眼として取り扱うことは変わらないが、3学年では市区町村に限定しているのに対し、4学年では都道府県という県域を対象とした広域な地域を区別して追加したことが大きな変更点である。したがって、これまでの副読本は市町村を中心に記述されていたが、今後は県域の特色について区別してまとめる必要があるということである。

5）社会科副読本のデジタル化

　北広島市の社会科副読本のデジタル化については『地域資料のアーカイブ戦略（日本図書館協会）』の3章「学校教材としての地域資料のデジタル化」（p42-51）で報告しているので参照してほしい。
　序論では、次のように説明している。

「北広島市は小学校の社会科副読本に着目し、電子版「小学校社会科副読本・北広島」を作成した。これは市内公共施設、学校と公共図書館の書誌情報、子ども向けサイト等のリンクを貼って教材作成ツールを装備したものである。
　図書館との連携としては、各単元のテーマに沿った図書やWebサイトがリスト化されているため、蔵書検索をして予約することができる。また、地域資料のデジタル化と公開によって学習情報がスムーズに提供さ

れるようになっている。」

　これは、社会科副読本をデジタル化することによって、子ども向けの地域資料が新しい展開を見せている事例である。

　次の画像で紹介するように「郷土学習デジタルボックス」には北広島と北海道の今、まちの人々のくらし、まちの防犯・防災、昔から今へと受けつぐ、北海道のまちづくりの5件のテーマが設定され、数多くの資料が紹介されている。また、下段に基本的な5冊の資料が紹介されていて、その概要と目次・目録が掲載されている。

▲北広島市デジタル郷土資料

　また、ここには「資料や情報データは図書館や小学校の先生が集めていますが、みなさんと一緒にこの箱の内容を充実させていきたいと思っています。良い資料や情報があれば、ぜひ近くの図書館カウンターに伝えてください。」という説明が記されていて、これらの資料は図書館と小学校の先生が作成するが、市民参加で情報を充実させていきたいという方針が示されている。出版物としての副読本は次に改訂されるまでは

情報の追加や訂正が難しいが、これらのデジタル資料が小学生に配布されているタブレット端末で共有できるので、図書館で編集することによって随時情報を更新することができる。

　これはデジタル情報を活用した新しい試みであると同時に、タブレット端末の活用方法としても斬新な事例と言える。

第3章

とりかかる前に

社会科副読本について知って、心強い味方を得たと感じただろうか？

　あるいは、難しい話を細々とされて閉口しただろうか？

　何はともあれ、国立国会図書館の標語のように「真理がわれらを自由にする」ことを信じて、知識や情報を正確に把握し、理解し、使いこなせるようにすることが司書や図書館員には大切であり、基本的な技術となる。

　地域資料の担当として経験の浅い者としては、図書館業務の全ての分野（サービス対象は児童から研究者までの多様な利用者層を抱え、カウンター業務をこなし、蔵書管理システム、選書、書誌作成、図書の装備・保存対策、レファレンス、展示、サイン表示、予算・決算事務、事業計画・報告、事務用品や出版物の契約事務等）にかかわり、資料や知識や技術など覚えなければならないことが山積している中で仕事を増やすのは酷かもしれない。

　しかし、知識を深めることによって私たちは心を豊かにし、幸福感を増し、さまざまな固執や先入観から解き放たれて精神的な自由を獲得することもできるのである。

　そこで、子ども向けの地域資料作成にとりかかる前に、もう少しリサーチしておきたいことについて説明を加えたい。

　まずは冷静になって、図書館以外の施設や機関に目を向け、利用者の声に耳を傾け、先行事例を調べ、協力者を探すことから始めよう！

　子ども向けの地域資料を作成するために何よりも大事なのは、直接子ども向けの資料を探すことより、子どもが求めている情報がどこにあり、そのことを調べるためにどのような資料や施設及び機関があるのかを知って戦略を練ることが必要なのだから……。

1) 担当者としての心構えと予備知識

　はじめに、子ども向けの地域資料を作成するうえで必要な担当者としての心構えと予備知識について考えてみよう。

　心構えとして大切なのは、実践しようとするやる気は大切であるが気負いすぎないことである。そこで、心がけてほしいのは真似ることと学ぶことである。真似るとは、はじめから独創的なものに取り組まなくても良いということである。本書で紹介する先進事例や身近な図書館で実践していることを真似て、自分に合った方法や進め方を見つけるという選択をすれば、ハードルを幾分下げられるということである。また、学ぶとは基本的な知識や技術を身に付けることで、それらの知識や技術に自分なりの創意工夫を加え、プライオリティーを高めることである。そうすることで、新しいことに挑戦する意欲を高め、やりがいを感じることができ、心に余裕が生まれるのである。

　次に、予備知識としては、本書で説明してきた必要性や作成手順を理解することと、地域に関する基礎知識を身に付けることが大切である。詳しい内容についてはテーマ設定をしたうえで関連資料を収集して読み込むことで、徐々に理解して知識を増やし深めていけば良いので心配する必要はない。しかし、はじめに地域に関する基礎知識を十分身に付けておかないと、資料を作成する際に思わぬ間違いをしたり、一般的であっても地域の実情に合わない記述をしてしまうことになりかねない。こうしたことを避けるためには地域に関する基礎資料を把握し、それらを読み込み使いこなせるようにすることが必要である。すでに地域資料の基礎資料に関するパスファインダーがあれば、それを活用することで次に進めるが、なければ資料調査と資料集めから始める必要がある。その結果、基礎資料が集まりその概要が理解できたならば、ぜひパスファインダーを作成しておくことをお勧めする。

　担当者としての心構えと予備知識について理解できたら、作成の準備にとりかかろう。

準備を始めるためには次に示すようにいくつかのStepを踏んで進めていくと、ここで説明した予備知識が身に付き理解が深まるとともに、作成の準備が整うことになる。

2）準備を始める

　準備を始めるために必要なことを次の6つのStepに分けて説明する。参考にしながら順次作業を進めてほしい。

子ども向け地域資料作成に必要な準備とそのステップ

Step1　図書館以外の施設・機関の資料をリサーチする

Step2　利用者の要望を知る

Step3　学習課題を反映する

Step4　先行事例の調査

Step5　レファレンス事例の調査

Step6　協力者の確保

Step1 図書館以外の施設・機関の資料をリサーチする

① 博物館・郷土資料館

　地域資料を収集しているのは図書館に限らない。博物館や郷土資料館

及び文書館は、類縁機関としてとても頼りになる機関であることを知っておきたい。

　特に博物館や郷土資料館は展示図録及び解説シートや資料など、図書館の地域資料として収集すべき貴重な資料を刊行している。子ども向きの歴史や文化、民俗・風俗、文化財、自然、郷土人などに関する資料を作成している所もあるので念入りに確認しておく必要がある。

② 文書館

　文書館は県立が中心で市町村立の文書館の数は少なく、市町村の図書館では頼りにしたくとも身近にないのが現実である。しかも、文書館はくずし字で書かれた古文書を扱う機関で子ども向きの資料はないのではないかと思われるかもしれない。確かに、直接子ども向けの資料を刊行している文書館はあまりないとしても、地域を研究するための原資料を収集し、史料集などの資料を刊行しており、調査研究を支援するための施設であることは間違いない。

　また、埼玉県立文書館では第2章で取り上げた社会科副読本についても積極的に収集していて、ウェブサイトの「学校等支援」から社会科副読本のページに進むことができる。そこに「文書館は埼玉県内の市町村教育委員会が作成する社会科副読本等を収集し、多くの県民や教職員の閲覧に供しています。これらの副読本等は、文書館2階閲覧室で利用できます。」と書かれているのが注目される。また同じページ内の「社会科副読本等　受入状況」をクリックしてみると、埼玉県の全63市町村の副読本が収集されていることがわかる。

　しかも、文書館は古文書や公文書だけでなく行政刊行物を収集する施設でもあり、ホームページにアクセスすることによって蔵書検索が可能になり、図書館に所蔵されていない資料を探すこともできる。ちなみに、小平市中央図書館で地域資料の書誌訂正をした時に頼りになったのが、東京都公文書館の行政刊行物の書誌データであった。

③ 文化財課

　次に、知っておく必要のある機関は文化財課である。文化財課は教育委員会に属することが多いが、近年は政策的な組織編成方針で市長部局に所属する所もある。いずれにしても、文化財を担当する部署は地域の文化財の管理運営を事業対象としていることから、専門職員や文化財保護審議会委員などの専門家を抱えている。そのため、市町村内の資料や埋蔵文化財、建物、民俗、文化、芸術、自然などの貴重な文化資源に詳しく、数多くの出版物もある。

　このことから、地域資料担当者は文化財担当部局と密接に連絡を取り、歴史や文化財及び展示会などのパンフレットを含めた刊行物の収集に努めなければならない。しかも、これらの刊行物の中には子ども向けの資料として使える資料もいくつか存在することがある。

④ 広報課

　広報課は市町村の広報を担当し、市町村報を定期的に発行していることから行政の重要施策や各課の事業、新しい施設、住民生活に欠かせない生活や健康・災害などのさまざまな情報が集まる宝庫である。その事業の中心である広報紙は図書館資料としても重要であり、場合によっては創刊以来の広報誌の縮刷版も出しているので、最新情報から古い情報まで子どもの「これはいつ？　なぜ？　どのように？」に応えるための調査資料として欠かせない。また、広報活動のためにホームページの運用を担当しているのも広報課であることから、各課の施策や事業にも精通している。

　しかも、小平市の広報課では子ども向けのホームページ「こだいらKID'Sぶるべーのさんぽみち」を作成していて、子ども向けの行政情報から小平市の歴史までが発信されている。「知ってる？　こだいらのこと」には「こだいら基礎データ」としてこだいらの人口、鉄道、木・花・鳥、市歌と名誉市民が紹介され、「こだいらの歴史」には紙芝居『小平の歴史』、小平市が誕生するまでの歴史、市史編さんの仕事、鈴木遺跡ってなんだ

ろう、玉川上水の歴史、としょかんきょうどしりょうが掲載され、「こだいらの文化」にはマンガでみる田中さんが26話載っている。

▲小平市ホームページ「こだいらKID'Sぶるべーのさんぽみち」

⑤ 観光協会

　最後に取り上げたいのが観光協会である。

　観光協会は地域の観光地はもとより、歴史や文化、地理、施設、自然及び飲食店などを紹介するチラシやパンフレット、ポスターなどを作成し配布している。これらは地域資料としても重要であるばかりでなく、地図やイラスト、写真などを使って見やすくわかりやすく編集されているので、子ども向けの地域資料としても十分役立つ資料群であることは見

逃せない。

　また、小平市は特に観光地ではないが観光協会を設立して観光にも力を入れている。基本的に観光協会は事務局長とわずかな職員で運営されており、活動の中心は観光ボランティアが支えている。この観光ボランティアの人たちが熱心に小平市中央図書館の地域資料を調査して、作成しているパンフレット類は特筆に値する。

▲こだいら観光まちづくり協会のパンフレット

　これらの資料は図書館の地域資料担当者と協力して作成しているだけに説明が的確かつ正確で、簡潔に整理された内容になっている。また、

「こだたん　小平誕生物語」は、マンガを使って小平の江戸時代に開かれた七つの新田村の歴史を解説したものであり、12話で構成される予定で作成を進めている。しかも、漢字は総ルビ付きで子どもにも利用しやすいように配慮して作成されている。

　これらの資料は印刷物として無料で配布されているばかりか、「フラッとNAVI」と題した観光協会のホームページに掲載されて自由に閲覧できる。したがって、子どもたちの地域学習やまちを知るための調べ学習にもとても役立つホームページとして使われている。

　このように、図書館単独ではとても実現しそうにないようなことでも、市民協働や地域連携を進め、図書館が積極的に協力することで、子ども向けの地域資料づくりは格段にハードルが低くなることが実証されている。

▲こだいら観光まちづくり協会のホームページ

Step2 利用者の要望を知る

① 小平市で子ども向けの資料が整ったわけ

　子ども向けの地域資料作成にとりかかる前に図書館以外の施設・機関を調査して、作成のために必要となる資料を収集して準備することが大切であることを説明した。しかし、小平市の事例を紹介するとこれだけ関連施設や機関と連携協力ができていて、子ども向けの地域資料が存在するのに、図書館で資料作成する必要があるのだろうかと疑問に思われるのは当然である。

　ところが、これは歴史を積み重ねてきた結果であり、到達点なのである。

　第1章の表1で述べたように、小平市で最初に図書館が子ども向けの資料「としょかんこどもきょうどしりょう」を作成したのは1990年である。その当時は小平市のどこにもまとまった子ども向けの地域資料は存在しなかった。図書館で始めたこの試みが利用され、評価されたことによって子ども向けの資料の必要性が理解され、広報課や観光協会で子ども向けの資料を作成したのは最近のことである。

　ちなみに、広報課で子ども向けのホームページを作成したのにも前提がある。市史編さん事業で刊行した概要版『小平の歴史』を見た学校司書の人たちが、この本をもとに自分たちで新しい「こどもきょうどしりょう」を作ってみたいと発案し、図書館の地域資料担当者に協力を求めて作成することになった。そして、教育委員会のホームページに「こだいらの歴史」5話を掲載したのは2016年頃のことである。その後、教育委員会のホームページが市のホームページに統合されることになり、「こだいらの歴史」を移管して新しく作り上げられたのが「こだいらKID'Sぶるべーのさんぽみち」なのである。

　つまり、図書館で「としょかんこどもきょうどしりょう」を作成したのがきっかけで、関連施設や機関にも理解され協力関係が築かれた結果、前に紹介したような現状が生まれたのである。

② 利用者の要望を知る

　さて、原点に立ち返って図書館で初めて子ども向けの地域資料を作成するには何をすればよいのか考えてみよう。

　何よりも大事なのは、利用者の要望を知ることである。

　子ども向け地域資料の第一の利用者は子どもたちである。そして、日常的に子どもの「これを知りたい」という質問に直面している、学校の先生や親たちも対象に含める必要がある。また、図書館のカウンターで子どもの調べものに対応して頭を悩ませている私たち図書館員こそが、その必要性を痛感しているのではないだろうか。

　つまり、利用者の要望について誰よりもよく知っているのは、他でもない図書館員自身であり、そして、学校の先生であり、親たちということになる。

　こうしてみると、利用者の要望を知るためには、日頃カウンターで子どもや親たちから寄せられている質問をまとめ、次のように整理することが求められる。

> A 地域資料担当者自身の経験をまとめて質問事項をまとめる
> B 他の職員に協力を求めて質問事項を追加する
> C 他館の先行事例を調べて作成すべきテーマを追加する
> D 自館のレファレンス事例を調べて作成すべきテーマを追加する
> E 図書館以外の施設や機関の協力を得て作成すべきテーマを追加する

Step3 学習課題を反映する

　市区町村の小中学校の社会科副読本を見ると、具体的な学習課題や場合によっては設問が記されていることがある。これらを参考にすれば、どのようなテーマについて子どもたちが学ぼうとしているのかが明白で、作成すべき資料のテーマを考えるうえで重要なヒントになる。

小平市の社会科副読本には学習課題ごとに調べる項目が設定されており、その中から歴史的な事例を紹介すると次のとおりである。

🅰 小学校の社会科副読本の学習課題 「6.2. 小川九郎兵衛と新田づくり」

①小川九郎兵衛と小川村
- 青梅街道では、おもに何が運ばれていたのでしょう。
- 小川村は、いつごろ、だれによって、どうして開かれたのでしょう。

②たいへんな村づくり
- 小川村の開拓をゆるされた人たちは、どんな人たちだったのでしょう。
- 開拓当時は、どのような家に住んでいたのでしょう。

③水を求めて
- 小川村の人々は、どのようにして水を使えるようにしたのでしょう。

④土地の区切り方（地割り）と使われ方
- 新田の土地は、どのような形に区切られていたのでしょう。
  また、どんな物が植えられていたのでしょう。

⑤その後の新田開発－親村と子村－
- その後、小平の新田は、だれが、いつ、何のために開たくしたのでしょう。
- 開たくした新田村と、使われた分水を調べてみましょう。
- 昔の新田村と、今の自分たちの住んでいる町をくらべてみましょう。

⑥村をすくった川崎平右衛門
- つぶれそうになった新田村をすくった川崎平右衛門は、
  どんな人で、どんなことをして、人々をすくったのでしょう。

⑦くらしのうつりかわり
- 昔から続けられている行事について調べてみましょう。
- 鈴木ばやしをうけついでいる人は、どんな努力をしているのでしょう。
- 小平に昔から伝わる行事・遊び・農作業なども体験してみましょう。

　ここに取り上げられている設問を整理してみると、街道、新田開発、水利、地形、行事、祭り、遊び、農作業、鷹場、産業、寺子屋といったテーマが浮かび上がる。したがって、これらの学習課題が作成すべき資料のテーマとして必要性が高いことが明白で、それぞれの市区町村の小中学校の社会科副読本に取り上げられている学習課題を反映することが求

められる。

B 中学校の社会科副読本の学習課題
「歴史的分野4．近世〈江戸時代の小平〉」

（『中学校社会科副読本　私たちの小平市』小平市教育委員会，2018）

ー玉川上水と野火止用水ー
・玉川上水はなぜつくられ、また、どのように利用されていたのか調べてみよう。

ー小川村の開拓ー
・小川村は、どのように開拓がはじめられたのだろう。
・開拓に入った農民は、どのような苦労があったのだろう。

ー青梅街道ー
・青梅街道で何が運ばれ、どう利用されたのだろう。
・小川村の農民は、どのような役割を果たしたのだろうか。

ー享保の新田開発ー
・新田開発はどのように行われ、農民にはどのような努力があっただろうか。

ー尾張藩御鷹場ー
・鷹場とは、誰が何のために使ったものだろう。
・鷹場の農民たちは、どういうことで苦労したのか調べてみよう。

ー村の生活と生産の高まりー
・産業が発達するにつれて、村の様子はどのように変わっていっただろう。

ー寛政から幕末へー
・寛政から幕末までの流れをつかみ、寺子屋の果たした意味を考えよう。

Step4 先行事例の調査

　先行事例の調査は第1章で示した多摩地域のように、地域資料の研究会があって担当者同士の研修機会や交流があればスムーズに行くが、そうでない地域が多いと思われるので積極的な取り組みが求められる。

　インターネット環境が整っている現在では、必ずしも対面や電話で連

絡して照会する必要はない。まずは県立図書館を調べるとともに、県内の先進事例が見つかれば、解決すべき類似の事例があり、参考になると思われる。それがなければ、次は本書で紹介したような事例を見てみることをお勧めする。ホームページに公開されている事例は、アクセスするのに時間も距離も関係なくいつでも利用可能である。

ただし、図書館だけでは限界があるので、前に記したような身近なこども図書館や博物館、郷土資料館、文書館などの類縁機関のホームページを調べてみることも必要である。

また、第2章で紹介した社会科副読本も忘れてはならない。図書館の蔵書検索をして見つからなければ前任者を恨むかもしれないが、諦めないでほしい。教育委員会の指導課に相談すれば道が開けるかもしれないし、創立年代の古い学校に尋ねれば意外に古くからの資料が見つかるかもしれない。これがあれば、強力な味方を得たようなものである。貴重な資料や情報及び地域の課題や特色などが解明できること請け合いである。

先行事例の中から参考になるものが見つかれば、具体的な作成方法のイメージが湧いてくるのではないだろうか。参考にすべきは、どのような形式と体裁、判型にするのか？ 文字の大きさは？ ルビは？ 見出しと本文の構成は？ イラストや図表は？ といった点である。

Step5 レファレンス事例の調査

レファレンス事例の調査であるが、あなたの図書館ではレファレンス事例の整理ができているだろうか。特に小規模な図書館では職員数が限られ、多くの業務を兼任でこなさなければならない。そのために、レファレンスの件数は把握していても、事例の整理までは追い付かないという悲鳴が聞こえてきそうである。

小平市立図書館でもレファレンス事例を記録する体制は早くから整えられていたものの、その整理が不十分であったことは拙著『地域資料サービスの実践』の10章に紹介したとおりである。

　しかし、せっかく蓄積しているレファレンス事例を生かさなくてもいいのであろうか。このようなときこそその事例が活用できる絶好の機会である。ぜひ地域資料の事例だけでも整理することが望まれる。その事例こそが、子どもたちの要望に応えるための重要なヒントであり情報源である。

　そう言われてしまうと、ようやくその気になりかけた気持ちが萎み、作成の実現に向けたハードルが上がってしまうと意気消沈している方に助け舟を出そう。

　小平市立図書館で苦難の末に整理したレファレンス事例を国立国会図書館のレファレンス協同データベースに登録したように、レファレンス協同データベースは私たちの力強い味方である。全国の図書館で実施したレファレンス事例が蓄積されていて簡単に検索できる。その事例を具体的に確認できるので使わない手はない。

　試しにリストアップした子どもの質問事例を検索してみてほしい。何らかのヒントが見つからないだろうか。逆に、見つからなかったらラッキーである。まだ誰もあなたが取り組もうとしている質問に応えられていないということかもしれないのである。つまり、あなたの取り組みは最初の事例となり、子どもたちはもとより、図書館界にも大きな貢献ができるチャンスであり、とてもやりがいのある仕事であることの証明とも考えられる。

Step6 協力者の確保

　ここまで事前の調査が進めばほぼ準備完了と言える。

　あとは一歩前に踏み出すだけであるが、その前に2つだけアドバイスしておきたい。1つは、当たり前のことだが、準備を進めてある程度目途が立ったら正式に決裁をもらっておくことである。そのことによって館としての正式な仕事と認められ、組織的な支援や協力が得られる。2つ目は、協力者の確保である。自分一人では何かと心細いが、協力者が確保

できれば相談しながら仕事が進められる。

　協力者は必要なときにいつでも相談できる図書館内部の人が望ましいが、図書館以外の施設や機関に適任者がいれば内部の人にはない発想や別の視点からのアドバイスがもらえることもあるので、かえって好都合な場合もある。また、図書館の利用者や研究者で地域のことに詳しい人がいれば、その人の得意分野や資料のことを教えてもらうのも効果的である。

準備段階の仕上げポイント

●**正式に決裁をもらっておく**
　→実働に向けて動きやすくなり、支援や協力も得やすくなる

●**協力者を確保する**
　→いつでも相談できる図書館内部の人が望ましい
　　他の施設・機関の適任者にアドバイスをもらうのも効果的

　身近な協力者が得られない場合
　→先行事例を手がけている図書館や担当者に連絡する方法もある

　残念なことに身近に協力者が得られない場合は、先行事例の調査で触れたことを思い出してほしい。幸いにも、子ども向けの地域資料を作成するのはあなたが初めてではないのである。先行事例は何よりも心強い味方であり、それを参考にすればある程度のことはわかるはずである。実際に作業を進めてわからないことがあれば、そのときは先行事例を手がけている図書館や担当者に尋ねてみることである。何らかのヒントやアドバイスがもらえるのではないだろうか。

第4章

資料の作成手順

一人で新しいことを始めようとすることは、誰にとっても簡単なことではない。

何よりも、上手くいかなかったらどうしよう！ 時間をかける価値があるのだろうか？ みんなに迷惑をかけないだろうか？ などと心細くも心配にもなることは当たり前である。しかし、誰かが一歩踏み出しとりかからなければどのような事業でも達成できず、世界的な発明ですらあり得なかったことを考えれば、あなたこそがフロンティア・ランナーなのである。さあ始めよう。

それでは、資料の作成手順について整理しておこう。

子ども向け地域資料作成の手順

1 編集方針を決める
2 形式と発行期間を決める
3 テーマを設定する
4 参考資料を調査する
5 内容構成を考えて執筆し、
　　資料を作成する

1) 編集方針

最初に決めておくべきことは編集方針で、凡例に似たものを作っておくとよい。その内容は次のようなものである。

・編集方法
・判型、ページ数、印刷方法などの形式

・発行頻度

・地名、人名、資料名などの表記とルビ付け

・参考文献紹介

　一人で担当するときはあなたが編集長で、執筆者で、実質的な発行者である。

　協力者が得られた場合は、執筆者の他にイラストの制作、内容確認、ルビ振りなどを分担することも可能である。

　編集方法とはどのようなくくりで編集するかで、テーマ、時代、地域別などの区別が考えられる。また、はじめから全体構成は決められなくとも、どのような方向を目指すのか概略は決めておく必要がある。

2) 資料の刊行形式及び発行期間の決定

　編集方針の他に、資料の刊行形式及び発行期間を決定しておくことが求められる。刊行形式とは判型、ページ数、印刷方法などの形式のことであり、印刷する紙の大きさやページ数及び二つ折り四つ折りなどの折の有無、文章は縦書きか横書きかといった出来上がりの形を決める。

　また、発行期間は思いついた時に作るとか、原稿が書けたら発行するということでは組織的な事業とは認められない。図書館として刊行する以上、計画的に進める必要がある。最初から大部のものを目指すよりは少ないページ数で作成し、発行期間を短くすることをお勧めする。短い期間で簡単に作れるものにするのが結果的に長続きする秘訣である。

3) テーマ設定

　次は作成する資料のテーマを設定する。テーマ設定は最も重要なポイントであるとともに、担当者のセンスと力量の発揮どころである。また、構想を練るのはとても楽しく、ワクワクドキドキする場面でもある。あ

なたのアイディアを生かして楽しみながら作戦を練ってほしい。

　テーマ設定の考え方と要点としては次のようなことが挙げられる。

・情報収集しやすいテーマから始める
・1つのことを見つけて取り組む
・学校関係資料（社会科副読本、周年記念誌）を活用する
・レファレンス記録を活用する
・利用者の反応や意見を取り入れる（アンケート調査の活用）
・関係機関の意見を聞く
・効率的な進め方を考える
・やりながら軌道修正する
・続けることが大事

　ここに列挙したように、テーマ設定をするには、情報収集しやすいテーマから始め、まず、1つのことを見つけて取り組んでみることである。また、テーマを探すうえで参考になるのは、子ども向けに書かれた学校関係資料（社会科副読本、周年記念誌）やレファレンス記録を活用することである。

　ある程度定着してきたら利用者の反応や意見を取り入れ、アンケート調査の活用を図ることも1つの方法である。また、関係機関の意見を聞くことで、重要なヒントをもらえることもある。

　順調にテーマ設定が構築できるようになったら一度整理し、効率的な進め方を考えるのも大切であり、場合によってはやりながら軌道修正する柔軟な対応も求められる。何よりも大事なのは軌道に乗ったら続けるということである。

　また、具体的にどのようなテーマが考えられるのかを参考までに挙げてみると、次のようなことが想定できる。

- 市町村のなりたちと歴史、文化
- 町の近代化と変化
- 地理的な特徴
- 地名の読み方と由緒
- 名所、旧跡
- 教育、学校
- 寺院、神社
- 祭り、行事
- 景観や自然のようす
- 川や水路、池など
- 道や鉄道
- 産業の特色
- 自然災害や火災
- 都市基盤の整備（電気、水道、ガスなど）
- 郷土芸能
- 芸術、文学
- 著名人について

　これらのテーマに沿って町の特色や他との違いなどを記述するとともに、子どもたちに興味・関心を持ってもらうためにはネーミングも大切である。どのようなキャッチコピーが良いか思案するのも楽しみの1つである。

4) 参考資料の調査

　テーマが決まったら執筆するための材料を集める必要がある。どのような資料があり役立つのかを見極めるために、参考資料の調査をしなければならない。これが、内容の豊かさと奥深さを決定づけるので手が抜けない。地域資料のパスファインダーがあれば活用したいところである

が、もしなければ、県立図書館や近隣の図書館及び先進図書館の資料を活用しよう。

　参考までに小平市立図書館の地域資料編パスファインダーを紹介すると次のようなものがある。

・地域資料の調べ方
・行政情報を調べるには
・小平の歴史を調べるには
・玉川上水を調べるには

　この中で「地域資料の調べ方」が参考資料の調べ方を知るうえで役立つと思うので、項目の一覧を次に示しておきたい。

1 地域資料分類・地理区分について確認する
2 OPACで資料検索する
3 歴史を調べる
4 地理を調べる
5 人物を調べる
6 民俗・宗教を調べる
7 自然を調べる
8 交通を調べる
9 文学・芸術を調べる
10 行政情報を調べる
11 特別コレクションを調べる
12 インターネットで調べる

5）資料作成のノウハウと内容構成

　参考資料が集まったら具体的な内容構成を考えて執筆作業にとりかかる。ここで大事なのが資料作成のノウハウを知っておくことである。

① 図・表・挿絵・写真の組み込みとルビ

　資料作成のノウハウには、図・表・挿絵・写真の組み込み、ルビの付与などが含まれる。

　文章だけでは目立たないしわかりにくいので、図・表・挿絵・写真などの組み込みが欠かせない。挿絵にはキャラクターを登場させて案内や解説役として使うことも考えられる。また、難しい漢字の使用は極力避けてやさしい表現を用いることが基本である。しかし、固有名詞・人名・地名などについては読みにくい漢字を使用することもあるので、漢字にはルビを振る必要がある。

② 内容構成

　内容構成についてはテーマや使える資料にもよるので、臨機応変に対応するしかないが、留意すべき点は2つである。1つは、わかりやすく簡潔で短い文章にすることと、説明口調にしないことである。2つ目は、項目ごとに見出しを付けることである。これは、もう一度読み返したり改めて調べたりするときに必要な事項を見つけやすくするためである。

③ 参考資料と奥付

　文章を書き上げればひと安心であるが、忘れてはいけないのが参考資料と奥付の付与である。子どもの学びと調べ物に役立てるためには、自主的に知識の幅を広げ深める動機付けや手助けをすることが大切である。もっと知りたい。少し納得がいかない。そうした疑問への扉を開く入り口になるのが参考資料である。また、何を根拠に記述したのかを明らかにすることも作成者の責任である。そして、いつ、誰が作ったのかを明

示するために奥付を忘れないでほしい。

④ 印刷部数と配布方法

　文章が書き上がってレイアウトが整えば印刷・発行である。印刷部数や配布方法はサービス対象となる人口規模にもよるので具体的な部数は随時決めるべきであるが、配布対象に公共図書館の窓口だけでなく学校や関連施設も含めるべきである。また、印刷費が工面できない場合は、ホームページに掲載するなどの戦略を練っておく必要がある。

⑤ 広報

　最後に付け加えたいのが広報だ。作成したものを子どもたちや利用者が持ち帰ってくれるのを待っているだけでは消極的すぎる。図書館だよりや市町村の広報紙を使って広報するのは当然であるが、広報課などを通して新聞社などの報道機関にプレゼンすることも大切である。広報課に問い合わせれば、方法や資料作成の書式などを教えてもらえるはずだ。

⑥ 作成手順の具体例

　肝心の資料の作成手順が簡潔すぎて拍子抜けしただろうか。実際に作成作業に漕ぎ着ければ、基本的なことさえ理解しておけば何とかなる。あまり難しいことはないということである。

　そこで、次に今まで説明したことを整理してサービスの実施と運用についてまとめ、作成手順の具体的な方法について示したい。さらに本書の最後に小平市立図書館における「としょかんこどもきょうどしりょう」の作成過程について解説する。本書を作成する原点になったのは他でもないこの資料であり、本章で示した作業手順や作成方法についてもその経験に基づいてまとめたものである。したがって、これが小平市立図書館における子ども向け地域資料作成の具体的な作業手順であり、作業方法なので初心者の方にも参考になるものと考える。

第5章

サービスの実施と運用

どのようなテーマで、どのような内容を盛り込み、どのような構成にするのか決まっただろうか。

Yes!! と答えてもらえるものと期待する。

そうでないとすれば、本書があまり役に立たなかったか？ 環境が整っていないか？ やる気が起こらなかったか？ または、実践するまでには越えなければならないハードルが残されていることになる。

あるいは、知識を得るために参考までに読んでみたということかもしれない。

いずれにしても、本書が作成の手引きである以上、テーマ設定ができて原稿が書き上げられたらそれでおしまい。後はご自由に！ ともいかない。

今までの話と重複することも多いが、事業を実施するための手引きとしては整理してまとめることも必要なので、最後にいくつか説明を加えておきたい。

それは、まず組織の中でどのように事業を計画し、意思決定していけば良いのかについて説明すること。そして、次の担当者に引き継ぎ事業を継続するためにはマニュアル化が必要であり、資料作成者の層を広げる方法についても言及したい。

1) 事業計画

　図書館の事業は基本的に事業計画に基づいて実施される。そこで、子ども向けの地域資料作成についても事業計画に位置付け、年次計画として事業の意義や目的を明記し、必要に応じて予算措置をしたうえで実施するのが望ましい。

　しかし、事業の実施が確実に進められるかどうか予測できない中で始める場合には、事業計画に位置付けてから始めることが現実的でないことも考えられる。「鉄は熱いうちに打て」という格言にもあるように、せっかく盛り上がった機運を冷やしてしまうのは本末転倒である。

　そこで、まず試行的に実施して、ある程度目途が立った段階で新たな項目を加え、計画的に事業を実施するという方法を採るのが現実的である。ただし、事業として着手する以上は、どの事業の一環として、誰が担当し、どのような頻度と体制で取り組み、どの程度の経費や備品が必要と見込まれるのかについて話を詰めておかなければならない。

　担当部署や担当者としては、地域資料担当なのか児童担当なのかである。場合によっては協同や分担も考えられる。つまり誰ができるかとどのように進めるかであり、実現可能性の模索が重要だともいえる。また、必要な経費としては最低限印刷費と用紙代、文房具類の消耗品費がある。しかし、状況によっては印刷物を作らないで電子情報として管理・運営する方法もあり、ホームページやSNSを使って情報発信することも可能である。その場合はUSBメモリやハードディスクといったデータ保存媒体についても考慮する必要が生じる。

2) 意思決定

　事業の進め方や体制が整ったら次に必要なのが、事業を組織として正式に認めるための手続きである。

　同好会や趣味的な取り組みとして実施するのではなく、事業として位

置付けるためには組織的な意思決定の手続きが欠かせない。

　そのためには次のような内容を盛り込んだ起案文書を作成し、図書館長の決裁をもらっておく必要がある。

- ・事業の意義と目的
- ・事業の担当部署と担当者
- ・発行計画の全体像
- ・発行時期と発行頻度
- ・記事の発行形態と発行方法
- ・発行部数
- ・必要な備品と経費
- ・資料の配布方法
- ・今後の展望
- ・広報の方法

　ここで忘れてはいけないのが広報方法の検討である。出来上がった資料をカウンターや配布資料の場所に積んでおくだけでは不十分である。積極的に広報して利用してもらうことと、評価や批判を受けてより充実したものに改善していくことが求められる。

　そのためには、図書館だよりや市報などを使って広報するとともに、ホームページのお知らせに記事を掲載することも有効な広報手段となる。また、広報課と調整して報道機関に情報提供していくことも必要になる。

3）マニュアルの作成

　資料作成が軌道に乗ると次のテーマ設定や資料集めに集中して、日々原稿作成で悩むことになり、つい作業に熱中し埋没してしまうことも珍しくない。しかし、事業として継続させていくためには、事業が軌道に乗った時こそ先を読んで次の手を打っておくことが求められる。

　組織として仕事を継続していくためには計画性が必要であると同時に、仕事の水準を維持し継続していくための方法や手順を整理し、まとめておくことも欠かせない。それが、マニュアル化の問題であり、仕事を継続して進めるために欠かせない事務引継書の作成ともいえる。しかし、マニュアルを作成しておくことは、必ずしも引き継ぎのためだけとは限らない。次に掲げる作成者の層を広げ、新たな担い手を開拓するためにも有効な手段となることは疑いない。

　そのために、マニュアルに盛り込む内容としては意思決定で取り上げた決裁の項目と、具体的な作業手順や方法及び注意事項が中心になる。注意事項には地名や人名などの漢字へのルビ付けについても記す必要がある。また、参考資料や奥付についても注意点などがあれば記載しておく。

> ・事業の意義と目的
> 　　　　　:
> ・具体的な作業手順や方法
> ・注意事項
> ・ルビ付け（地名や人名など）
> ・参考資料
> ・奥付

4）資料作成者の層を広げる

　この事業は順調に進み出すと楽しくて止められなくなること請け合いである。そのため、どうしても一人で頑張りたくなるが、事業の幅を広げ発展させるためには資料作成者の層を広げることも検討すべきである。

　その具体的な方法としては、図書館内での地域資料担当者と児童担当者との分担や、博物館・児童館・子ども文庫・図書館友の会・学校司書などの類縁機関や関連施設との相互協力やノウハウを伝えるための講習

会の開催が考えられる。

　子どもたちにとってはさまざまな所で多様なサービスが受けられるようになることこそが幸せなのだから……。

第6章

「としょかんこども
きょうどしりょう」
の作成経過

小平市立図書館で「としょかんこどもきょうどしりょう」の作成を開始したのは第1章でも述べたように1990年である。

　この作成の中心になったのは地域資料担当になって1年目の新人職員であった。

　その担当者が苦心しながら作り上げたのが「としょかんこどもきょうどしりょう」である。

　この資料の作成については、『図書館雑誌（日本図書館協会）』や『地域資料サービスの実践（日本図書館協会）』でも紹介したのでご存じの方もあると思われる。

　しかし、その新人職員が作った資料が高く評価され、第3章で取り上げたように小平市の子ども向けホームページや観光協会のマンガ作成の原点となり、大きな影響を与えた。

　みなさんが作成しようとしている子ども向けの地域資料も、多くの子どもたちや関係者が心待ちにしているに違いない！　その魅力の秘密をお伝えしていきたい。

▲としょかんこどもきょうどしりょうNo.1「小平市内めぐり」

1) 発行の動機

　第1章で表1として「多摩地域の子ども向け地域資料の刊行状況」を見たが、子ども向けの地域資料を刊行しているのはほぼ図書館であることを確認してほしい。なぜこのような状況になっているのかと言えば、その根源は三多摩郷土資料研究会(三郷研)で子ども向けの地域資料をテーマとした研修会を1990年7月に開催したことにある。この研修会で実践事例が報告され、田無市(現西東京市)の担当者が「やってみなければ何事も始まらない」し、「間違いを指摘されたら直せばよい」と発言したことに背中を押されて作成に動き出したのが小平市立図書館である。

　子ども向けの地域資料が限られていて、調べ学習のために資料を求めて図書館にやってくる子どもたちの要求に応えられないことに心を痛めていた新任の担当者が意を決したのである。それは、田無市の担当者の発言によって「失敗やミスを恐れなくても良いんだ」と思えたことが最大の要因だったと述懐している。

　また、小平市には当時二人の担当者がいて、原稿作成を分担できたことも功を奏したと思われる。言い出しっぺが原稿を書き、もう一人が原稿を確認して補助するとともにルビ振りを分担することにした。そして、創刊号の刊行に漕ぎ着けたのがその年の11月のことであった。

　1冊は出したものの迷いのあった担当者に拍車をかけたのが、翌月に開催された三郷研の定例会で視察した小田原市立図書館の川添猛館長が「郷土資料はみんなが幸せになるための資料だ」と話されたことである。このような研修の成果に励まされて「としょかんこどもきょうどしりょう」を月1回発行することを決意したのである。

2) 編集方針

　子どもたちや利用者の反響もあって、とりあえず試行的に始めたこの事業に自信が持て、本格的に実施することになって整えたのが次の編集

方針である。

- ・毎号編集テーマを決めて編集する
- ・判型はB4で、1〜2枚の用紙に両面印刷し、四つ折りで発行する
- ・月に１回発行する
- ・地名、人名、資料名は出典どおりの表記とし、漢字にはルビを付ける
- ・編集で使った資料は「参考にした本」として紹介する

　この方針に基づいて1990年11月〜1995年9月までにNo.1〜No.41の発行を行った。発行部数は毎回2000部で、テーマによっては増刷もした。そして、執筆担当者の2度の産休中の期間を除いて月1回の発行は実行されたのである。それだけ周囲から期待され支援されたということであり、何よりも担当者の情熱と意志の強さの賜物である。

3) テーマの構成

　スタートした当初は小平に関することをテーマに選び、地域資料室にある資料を読み込みながら書けそうなテーマを選定して作成を進めていったが、No.20を過ぎる頃からは多摩地域や江戸・東京に関することに範囲が広がっている。これらは三郷研や東京都公立図書館郷土資料研究会での研修成果を反映したものである。また、玉川上水に関することは4回にわたって取り上げているが、それだけ要望が多く書くべきことがあったからに他ならない。

　取り上げたテーマを整理してみると次のようになる。

- ・小平に関すること
- ・江戸・東京に関すること
- ・玉川上水に関すること
- ・その他

　さて、これだけ続いた人気の秘密は何だったのだろうか。改めて考えてみると次のようなことが挙げられる。

・テーマの面白さと内容のわかりやすさ、読みやすさ
・きつね、ねこ、ぶた、いぬ、ねずみなどのキャラクターの会話や表現の楽しさ
・地域資料によって裏付けられ検証された確かな内容
・手に取りやすい大きさと薄さ

　これらの中でもキャラクターの登場とその会話に惹かれて楽しんだ子どもたちは少なくないと思われる。作り手であるマンガを読み込んだ世代の感性とセンスが、子どもたちに受けたのではないだろうか。

　また、B4の用紙を四つ折りにすると128×182mmのB6版で子どもでも手に取りやすい大きさであった。枚数も2〜3枚程度なので薄いが開くとB5版で8〜12ページの小冊子となり、適度な情報量を盛り込めたことが功を奏したものと思われる。

▲としょかんこどもきょうどしりょうNo.26「小平のごちそう うどん」

4) その後の展開

　5年間でNo.41まで刊行した「としょかんこどもきょうどしりょう」であるが、執筆担当者の退職を契機に終了となった。続けてほしいという要望は根強かったものの、すでに完成度が事務的に引き継げる域を脱していたことと、テーマ構成でも触れたように小平に関することはほぼ取り上げたこともあって、新たなテーマを見つけるのが難しくなっていたことにより完結となった。

　しかし、この成果はその後も生かされていくことになる。

　元々手書きの四つ折りのちらし形式で印刷したものを配布していたが、完結を機に1冊の本にまとめようという機運が盛り上がり、1996年3月にB5版で348ページの本を刊行した。この本は1,000部発行したが数年で完売となった。

▲としょかんこどもきょうどしりょう刊行本表紙

　まだまだ高く評価されていたことがわかる。そこで、増刷も選択肢にあったが、図書館界のデジタル化の推進と環境整備が進む中で、職員から小平市立図書館のホームページの1つの柱にしたいという提案があり、2003年からはホームページに掲載されている。

　オリジナルは手書きの資料でそれが味のある良い雰囲気を醸していたのであるが、ホームページへの掲載を機に全文活字化し、キャラクターは手書きのまま残すという方針に切り替えた。

　活字化することにより全文デジタル検索が可能になった。このことにより思わぬ反響も寄せられている。No.22で取り上げた「コレラが町にやって来た－明治の頃のコレラさわぎ－」をインターネットで読んだある研究者から小平市中央図書館に連絡が入ったのである。「伝染病について大変よくまとまっていてわかりやすいので、最近のコロナ問題に関連して報告するのに利用させてほしい」ということであった。参考文献を明示していることもあって、研究者にも評価されるような事例が報告されたのは驚きである。

あとがき

　執筆依頼から最初の原稿作成まではあまり時間がかからずにスムーズに進んだ。ホームページの検索結果が本年3月のものがあるのはそのためである。

　しかしその後、編集者との話し合いで大幅に見直すことになった。

　当初の原稿は社会科副読本の研究分析に重点を置き、多摩地域の所蔵調査や小平市の編さん過程と内容分析が詳細になっていたため、やや研究書的な傾向が見られたためだ。また、より詳しく説明すべき部分があることや、手引書としては第5章の部分を加えることで実用性が高まること、全体的にマニュアル化した構成と編集をしてほしいなど、さまざまな提案をいただいた。

　考えてみれば当然のことである。しかし、課題は大きく果たしてこれらの指摘に対応できるのか考える時間が必要であった。また、この期間『教えて！先生シリーズ』の編集作業も並行して行ったこともあって、書き直すのに1カ月近くかかってしまった。お陰で内容を一新して、少しはわかりやすいものに修正できたと思う。

　小平市立図書館の「としょかんこどもきょうどしりょう」を発端とした企画であることから、改めてその作成経過をまとめさせていただいたこと、及び、講演会などで質問を受けた子ども向け地域資料について執筆できたことは幸運である。

　着手する前は若干の不安もあり、執筆中には試行錯誤の時期があった本企画であるが、担当の三膳直美氏の適切な指摘と温かい指導によって内容をブラッシュアップでき、完成にたどり着けたことに深く感謝申し上げます。

2024年6月15日

＜参考資料＞

① 国立国会図書館「Current Awareness Portal」[https://current.ndl.go.jp/]で「子ど
　　も　地域資料」を検索すると、76件（2024年6月15日現在）の記事が掲載さ
　　れている。
②『公立図書館における地域資料サービスに関する実態調査報告書』全国公共
　　図書館協議会,2017　第3章　２地域資料サービスと児童サービス
③『公立図書館における地域資料サービスに関する報告書』全国公共図書館協
　　議会,2018　第4章　1事例　「塩竈市民図書館における地域資料児童向けサ
　　ービスの取組」「千葉県立中央図書館における地域資料児童向けサービスの
　　取組」
④『はらっぱ No.26』（大阪府立中央図書館『はらっぱ』編集委員会，2013.03）
⑤『子どものための調布市の歴史』調布市立図書館，1993
⑥ 井上孝『子ども武蔵野市史』武蔵野市立図書館，2010
　　※2024年に改定版を刊行
⑦ 西東京市中央図書館地域・行政資料室編『田無いま・むかし合本 第１号〜
　　第10号』西東京市中央図書館，2002
⑧ 羽村町教育委員会編『はむらの歴史』羽村町郷土博物館,1990
⑨ 田村町学校教育研究会社会科部会編『わたしたちのきょうど田村』高野児童
　　文化研究所，1955
⑩ 伊藤裕康「社会科副読本に関わる実践及び研究の歴史から見た社会科地域
　　学習の現状と課題」（『香川大学教育実践総合研究17』香川大学教育学部），
　　2008
⑪『小学校社会科3・4年生用副読本作成の手引〔新訂版〕』日本文教出版，
　　2018
⑫ 村岡弘朗「地域学習で活用する社会科副読本の比較研究」（『教職課程・実
　　習支援センター研究年報２』神戸親和女子大学教職課程・実習支援センタ
　　ー），2019
⑬ 国立教育政策研究所の教育研究情報データベース「学習指導要領の一覧」
　　[https://erid.nier.go.jp/guideline.html]

⑭レファレンス協同データベース

[https://crd.ndl.go.jp/reference/]

⑮文部科学省『小学校学習指導要領解説　社会編』（平成20年6月）

[https://www.mext.go.jp/component/a_menu/education/micro_detail/__icsFiles/afie

ldfile/2009/06/16/1234931_003.pdf]

⑯蛭田廣一編『地域資料のアーカイブ戦略』日本図書館協会，2021

⑰ 北広島市デジタル郷土資料

[https://adeac.jp/kitahiroshima-city/top/]

⑱埼玉県立文書館「社会科副読本」

[https://monjo.spec.ed.jp/gakkourenkei/fukudokuhon]

⑲小平市ホームページ「こだいらKID'Sぶるべーのさんぽみち」

[https://www.city.kodaira.tokyo.jp/kids/]

⑳こだいら観光まちづくり協会のホームページ

[https://kodaira-tourism.com/]

㉑『わたしたちの小平市』小平市教育委員会，2002

㉒『中学校社会科副読本　私たちの小平市』小平市教育委員会，2018

㉓ 蛭田廣一『地域資料サービスの実践』日本図書館協会，2019

㉔小平市立図書館「地域資料編パスファインダー」

[https://library.kodaira.ed.jp/reference/pathfinder.html]

㉕蛭田廣一「クローズアップ図書館の出版物その6 としょかんこどもきょうど

しりょう」（『図書館雑誌』93巻6号）日本図書館協会，1999.6

㉖『としょかんこどもきょうどしりょう』小平市立図書館，1996

[https://library.kodaira.ed.jp/kids/tkk/]

索引

【あ行】

意思決定‥‥‥‥‥‥‥‥‥‥‥‥55
伊藤裕康‥‥‥‥‥‥‥‥‥‥‥‥18
入間市立図書館‥‥‥‥‥‥‥‥‥9
岩手県立図書館‥‥‥‥‥‥‥‥‥8
大阪府立中央図書館‥‥‥‥‥‥‥8
小野市立図書館‥‥‥‥‥‥‥‥10

【か行】

学習課題を反映する‥‥‥‥‥‥39
学習指導要領の一覧‥‥‥‥‥‥17
学習指導要領‥‥‥‥‥‥‥‥‥22
金沢市立玉川こども図書館‥‥‥10
観光協会‥‥‥‥‥‥‥‥‥‥‥35
刊行形式‥‥‥‥‥‥‥‥‥‥‥47
岸和田市立図書館‥‥‥‥‥‥‥10
北広島市‥‥‥‥‥‥‥‥‥‥‥26
郷土学習デジタルボックス‥‥‥27
郷土北多摩‥‥‥‥‥‥‥‥‥‥18
郷土資料館‥‥‥‥‥‥‥‥‥‥32
協力者の確保‥‥‥‥‥‥‥‥‥43
広報‥‥‥‥‥‥‥‥‥‥‥‥‥52
広報課‥‥‥‥‥‥‥‥‥‥‥‥34
こだいら観光まちづくり協会‥‥36
こだいら KID'S ぶるべーのさんぽ
みち‥‥‥‥‥‥‥‥‥‥‥‥‥34
子どものための調布市の歴史‥‥12
子ども向け地域資料作成の手順 46

子ども向け地域資料の意義‥‥‥7
子ども向けの地域資料―種類‥‥7
子ども武蔵野市史‥‥‥‥‥‥‥12

【さ行】

サービスの必要性と課題‥‥‥‥12
参考資料の調査‥‥‥‥‥‥‥‥49
三多摩郷土資料研究会‥‥‥‥‥13
塩竃市民図書館‥‥‥‥‥‥‥‥9
事業計画‥‥‥‥‥‥‥‥‥‥‥55
社会科副読本―内容の変遷‥‥‥17
社会科副読本の刊行‥‥‥‥‥‥18
社会科副読本のデジタル化‥‥‥26
準備段階のポイント‥‥‥‥‥‥44
準備を始める‥‥‥‥‥‥‥‥‥32
資料作成者‥‥‥‥‥‥‥‥‥‥57
資料作成のノウハウ―内容構成 51
資料をリサーチ‥‥‥‥‥‥‥‥32
先行事例の調査‥‥‥‥‥‥‥‥41
善通寺市立図書館‥‥‥‥‥‥‥10

【た行】

田無いま・むかし‥‥‥‥‥‥‥13
担当者としての心構え‥‥‥‥‥31
千葉県立中央図書館‥‥‥‥‥‥8
テーマ設定‥‥‥‥‥‥‥‥‥‥47
テーマの構成‥‥‥‥‥‥‥‥‥62
としょかんこどもきょうどしりょ

う ……………………… 13, 60
鳥取県立図書館 ……………… 9

【は行】
配布方法 ………………… 52
博物館 …………………… 32
秦野市立図書館 …………… 9
発行期間 ………………… 47
はむらの歴史 …………… 13
福井県立図書館 …………… 9
文化財課 ………………… 34
編集方針 ……………… 46, 61

【ま行】
マニュアルの作成 ……………… 56
村岡弘朗 ………………… 17
文書館 …………………… 33

【や行】
米子市立図書館 ……………… 10
予備知識 ………………… 31

【ら行】
利用者の要望を知る ……… 38, 39
レファレンス協同データベース ……
……………………… 20, 43
レファレンス事例の調査 ……… 42

【わ】
わたしたちのきょうど田村 …… 18
わたくしたちのすみだ区 ……… 19

私たちの西多摩 ……………… 18
私たちの武蔵野 ……………… 18

【著者略歴】

蛭田廣一（ひるた・ひろかず）

1975年に小平市立図書館に勤務し、2005年から2008年まで中央図書館長を務める。2010年には図書館功労者として文部科学大臣表彰を受賞。長年にわたり三多摩郷土資料研究や、日本図書館協会の資料保存委員会等で活動。全国各地での講演活動も行う。

子ども向け地域資料作成の手引き

ISBN：978-4-86140-527-3
C0000

2024年8月31日　　第1刷発行
2024年10月31日　　第2刷発行

著者	蛭田廣一
発行者	道家佳織
編集・発行	株式会社DBジャパン
	〒151-0073　東京都渋谷区笹塚1-52-6　千葉ビル1001
電話	03-6304-2431
FAX	03-6369-3686
E-mail	books@db-japan.co.jp
印刷	大日本法令印刷株式会社

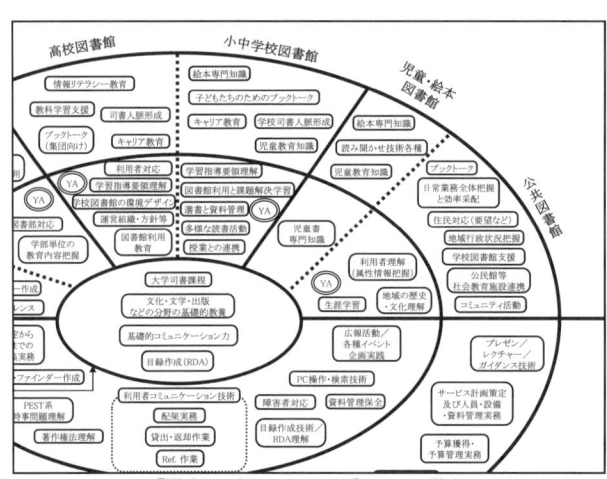